DINÂMICAS
E JOGOS PARA
AULAS DE CIÊNCIAS

Dados Internacionais de Catalogação na Publicação (CIP)
(Câmara Brasileira do Livro, SP, Brasil)

Silva, Solimar
　　Dinâmicas e jogos para aulas de ciências / Solimar Silva, Walas Cazassa. – Petrópolis, RJ : Vozes, 2022.

　　Bibliografia.
　　ISBN 978-65-5713-444-3

　　1. Ciências (Ensino Fundamental) 2. Jogos educativos 3. Ludismo I. Cazassa, Walas. II. Título.

21-92123　　　　　　　　　　　　　　　　　　　　　　CDD-372.35

Índices para catálogo sistemático:
1. Jogos : Ciências : Ensino Fundamental　　372.35

Cibele Maria Dias – Bibliotecária – CRB-8/9427

SOLIMAR SILVA / WALAS CAZASSA

DINÂMICAS
E JOGOS PARA
AULAS DE CIÊNCIAS

EDITORA VOZES

Petrópolis

© 2022, Editora Vozes Ltda.
Rua Frei Luís, 100
25689-900 Petrópolis, RJ
www.vozes.com.br
Brasil

Todos os direitos reservados. Nenhuma parte desta obra poderá ser reproduzida ou transmitida por qualquer forma e/ou quaisquer meios (eletrônico ou mecânico, incluindo fotocópia e gravação) ou arquivada em qualquer sistema ou banco de dados sem permissão escrita da editora.

CONSELHO EDITORIAL

Diretor
Gilberto Gonçalves Garcia

Editores
Aline dos Santos Carneiro
Edrian Josué Pasini
Marilac Loraine Oleniki
Welder Lancieri Marchini

Conselheiros
Francisco Morás
Ludovico Garmus
Teobaldo Heidemann
Volney J. Berkenbrock

Secretário executivo
Leonardo A.R.T. dos Santos

Editoração: Elaine Mayworm
Diagramação: Sheilandre Desenv. Gráfico
Revisão gráfica: Alessandra Karl
Capa: Ygor Moretti

ISBN 978-65-5713-444-3

Este livro foi composto e impresso pela Editora Vozes Ltda.

Apresentação

Com o sucesso dos livros *Dinâmicas e jogos para aulas de idiomas* e *Dinâmicas e jogos para aulas de língua portuguesa*, quando visito escolas – presencial ou mesmo virtualmente – muitos professores de outras disciplinas começam a me perguntar, em tom de brincadeira: "E pra gente de matemática, nada?" ou "E quando vão sair as dinâmicas de ciências? História? Geografia?"

Sendo formada em Letras, explicava que precisava apenas unir forças com alguém para que eu contribuísse com meus conhecimentos acerca de jogos, dinâmicas, aprendizagem lúdica, mas que recebesse a base técnica de um professor da área. E a ideia ficou um tempo adormecida.

Até que um dia, em uma troca de mensagens nas redes sociais, perguntei ao Walas Cazassa o que ele achava da ideia de fazermos um livro juntos. Conheci o Walas há alguns anos, quando participei da sua banca de defesa do mestrado. Como muitos professores que prosseguem em seus estudos sem licença, ou seja, tendo que lecionar para mil turmas enquanto se debruça sobre a temática de seus estudos, Walas também conciliou a carreira acadêmica com suas múltiplas atribuições como professor dos ensinos fundamental e médio. Lembro do quanto fiquei surpresa com a capacidade de criação dele quando, ainda na qualificação, elaborou atividades diversificadas para o ensino mediado por tecnologias digitais, mesmo trabalhando em tempo integral.

Por isso o convite para escrevermos este livro. Dê a alguém ocupado um projeto muito importante para ser feito e com certeza será missão cumprida.

Fruto de um período em que vimos professores trabalhando muito mais enquanto faziam a transição de suas aulas presenciais para o ensino remoto, este livro tem por objetivo sugerir maneiras mais divertidas e lúdicas de ensinar diferentes pontos na disciplina de ciências no Ensino Fundamental, tanto para aulas presenciais, virtuais, ensino híbrido ou projetos diferenciados que você deseje fazer em sua escola.

Somos professores e entendemos muito bem o dia a dia de nossos colegas. Quantas vezes nos falta tempo para colocar em prática tantas ideias? Assim, tudo o que requer mais trabalho, buscamos já deixar o molde ou modelo pronto para você. No decorrer do livro, você encontrará a indicação de links ou códigos QR, para que você possa baixar o material pronto para ser impresso e utilizado.

Sempre indicamos os recursos e sugerimos que todo o material seja preparado previamente. Além disso, damos sugestões para maior durabilidade do material – afinal, muitos de nós ainda precisamos fazer o máximo com poucos recursos disponíveis, não é verdade?

São 30 atividades dinâmicas, algumas das quais que só requerem mesmo o quadro e giz ou caneta para propor mais diversão e aprendizado na turma, e outras que pedem um pouco mais de preparação, com materiais já prontos para você baixar e salvar no seu computador, facilitando seu trabalho.

Em cada atividade, indicamos para que ano se propõe, o tempo estimado para sua realização e adicionamos a informação se a atividade objetiva o ensino *presencial*, *on-line* ou ambos os casos, para que você possa já se preparar de antemão de acordo com a modalidade de ensino em que estiver atuando, como ensino remoto ou híbrido, por exemplo.

Desejamos que você e seus alunos se divirtam enquanto eles aprendem mais sobre as maravilhas das ciências no Ensino Fundamental. Vai ser muito bom saber como vocês estão se saindo. Por isso, siga-nos no Instagram: @walascazassa e @professorasolimarsilva

Abraços!

Solimar Silva

Sumário

Quiz estourado, 9

Caça-palavras virtual, 13

Mão na massa! Ou não..., 15

Dinâmica dos sentidos, 17

A importância da classificação, 19

Jogo da memória: Fontes de energia, 22

Amongas animal, 24

Bingo dos animais, 26

Velha zoológica, 31

Cruzadinha de Lineu, 35

A propagação de um vírus, 37

Cruzadinha virtual, 40

Labirinto ciência, 43

Avança o quadrado, 45

Siga-pistas, 48

Aula prática de anatomia com o *Wooclap*, 50

Sua pegada pedagógica I, 52

Sua pegada pedagógica II, 56

Quebra-cabeças proteico, 58

Dinâmica da divisão celular, 64

Torta na cara, 67

O milhão de fim de ano, 71

Organograma de ideias, 73

Dominó ABO, 75

Diante do quadro, 77

Nuvem de palavras no *Wooclap*, 79

Quiz no *Kahoot*, 81

Quiz on-line no *Mentimeter*, 84

Roleta de perguntas, 87

Stop de fim de ano, 89

Índice remissivo, 91

Quiz estourado

Assunto: Separação de misturas
Ano: 6º ano
Tempo estimado: 30 minutos
(▶) Presencial
( ) On-line

Recursos:

- 13 bexigas de aniversário (tamanho e cores podem ficar a seu critério);
- 13 tiras de papel (pode ser ofício branco, colorido, almaço ou outro tipo);
- fita adesiva larga;
- um dado.

Proposta:

A ideia aqui é, ao invés de fazer um ditado – como nas aulas de idiomas –, fazer um *quiz* com perguntas sobre métodos de separação de misturas. Durante as aulas de Ciências, no 6º ano, os alunos estudam sobre composição da matéria, formas de misturas – heterogêneas e homogêneas – e métodos de como separar os componentes dessas misturas a depender de suas propriedades. Com esse *quiz*, podemos fazer uma atividade de sondagem sobre o conteúdo aprendido, fazer uma atividade de revisão e desenvolver uma competição saudável entre os alunos em sala de aula.

Montagem do material: Em pedaços de papel, escreva exemplos para os treze principais métodos de separação de misturas. Sugestão:

1) Separar com as mãos a sujeira do feijão antes de levá-lo para a panela de pressão.

2) Usar uma peneira para separar pedras grandes de pedras menores.

3) Em uma mistura de água e areia, despejar em outro copo a água que fica por cima.

4) Processo que ajuda a retirar o excesso de água da roupa recém-lavada na máquina de lavar.

5) Separar lascas de madeira de uma porção de areia misturando água para que as lascas de madeira boiem.

6) Usar um tubo para remover o óleo de uma mistura com água doce.

7) Passar o café em um coador para reter o pó de café no filtro.

8) Usar ímã para atrair pregos em uma mistura com serragem.

9) Soprar uma mistura de arroz com palha, para que a palha voe e fique só o arroz.

10) Processo que separa lentamente a água das roupas secando no varal.

11) Processo que passa uma mistura de água e sal de cozinha por um aparelho que aquece a água, evaporando-a, resfriando o vapor em seguida e tendo os dois componentes separados.

12) Forma de separar os componentes do petróleo levando em consideração os diferentes pontos de ebulição.

13) Método utilizado para detectar substâncias tóxicas no sangue e na urina.

- Dobre os papeizinhos ou faça rolinhos e coloque um em cada bexiga.
- Encha as bexigas e cole uma por uma na lousa usando o durex.

Como fazer a atividade:

- Divida a turma em equipes (de 2 a 4 equipes).

- Em cada rodada, uma equipe deve escolher um representante para estourar um balão de forma aleatória. O representante deve responder corretamente qual método de separação de misturas deve ser utilizado para o exemplo "estourado". Se acertar, marca um ponto para a equipe. Se errar e a turma estiver separada em dois grupos, o grupo seguinte tem a chance de responder; se a turma estiver separada em mais equipes, os grupos devem jogar o dado e a ordem de vez para dar a resposta vai do grupo que tirou o maior número no dado até o grupo que tirou o menor número.
- Vence a equipe que fizer mais pontos.

Observações importantes:

- Nesta proposta foram dadas sugestões de situações a serem respondidas pelos alunos. Você pode incluir mais exemplos – só precisa incluir mais balões também – ou substituir as situações.
- A proposta desta atividade é para o 6º ano, mas pode ser adaptada para outras turmas também, assim como o tema sugerido, que foi "separação de misturas", que pode ser substituído por qualquer outro assunto de seu interesse.

Gabarito das situações dos exemplos:

1) Catação

2) Peneiração

3) Decantação

4) Centrifugação

5) Flotação

6) Sifonação

7) Filtração

8) Separação magnética/imantação

9) Ventilação

10) Evaporação
11) Destilação simples
12) Destilação fracionada
13) Cromatografia

Molde para o dado (recomendamos fazer em papel-cartão)

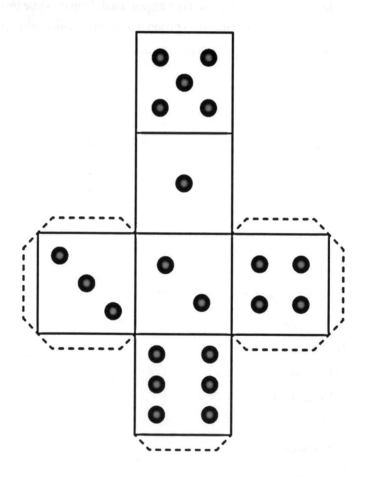

Caça-palavras virtual

Assunto: Diversos
Ano: 6º ano
Tempo estimado: 10 minutos
(▶) Presencial
(▶) On-line

Recursos:
- Computador com acesso à internet.

Proposta:
Revisão de conceitos e reforço de conteúdo. Versátil, pode ser adaptado para qualquer tema que você for trabalhar. Como exemplo, trouxemos um caça-palavras sobre camadas da Terra.

Como fazer:
- Existem alguns sites geradores de caça-palavras, como o *Geniol* (www.geniol.com.br), *Vocábulo* (www.vocabulo.com.br) e o *ImagemEti* (www.imagem.eti.br). Nesses sites, você consegue incluir as palavras que deseja que entre em seu diagrama, escolhe o nível – fácil, médio ou difícil – e as posições das palavras – horizontal, vertical, diagonal, invertida etc. Depois, você só precisa criar o texto com as palavras a serem pesquisadas ou dar as dicas para que os alunos encontrem as palavras no diagrama.
- Vários aplicativos de videoconferência permitem que os alunos façam anotações na própria tela, possibilitando maior interatividade. Os alunos vão "rabiscar" na tela – no diagra-

ma, mais precisamente – localizando a palavra buscada. A atividade fica bem interativa e não deixa os alunos caírem na monotonia.

• Caso você não tenha tempo para montar seus caça-palavras, não se preocupe. Como essa atividade é proposta para o 6º ano, ao final deste roteiro você encontra um QR code que te direciona para **uma coletânea** de caça-palavras com os principais temas abordados no 6º ano! Basta você acessar o código, baixar o material e deixar salvo em seu PC para usar quando precisar.

• Para momentos no ensino presencial, você pode imprimir a atividade e usar em sala de aula.

Mão na massa! Ou não...

Assunto: Substâncias e misturas / Propriedades da matéria
Ano: 6º ano
Tempo estimado: 30 minutos
(▶) Presencial
( ) On-line

Recursos:

- 1 caixinha pequena de amido de milho (por grupo);
- água;
- um pote pequeno, pode ser desses de sorvete (por grupo);
- colher para misturar os materiais.

Proposta:

Esta atividade pode ser utilizada para ilustrar conteúdos referentes aos primeiros conceitos de Química e Física abordados no 6º ano, quando os alunos aprendem sobre átomos, matéria, substâncias, misturas e propriedades da matéria. Com esta atividade pretende-se fazer um fluido não newtoniano, apresentando algumas propriedades dessa mistura que, ora se comporta como líquido, ora se comporta como sólido, dependendo da pressão exercida sobre ela.

Como fazer:

- Oriente os grupos a colocarem todo o amido de milho no pote de sorvete. Depois, peça-os para ir misturando a água aos poucos, até dissolver o amido. Atenção para não colocarem muita água, pois deixará a mistura rala demais.

- Depois de misturar o amido e a água, os grupos terão um líquido um pouco viscoso. Oriente os alunos a inserirem o dedo indicador na mistura. Eles observarão que o dedo entra no líquido tranquilamente. Nesse momento, o líquido está se comportando como líquido.

- Em seguida, peça para que os alunos introduzam o dedo de uma vez, com força e velocidade ou, se preferirem, podem dar um soco na mistura. Nesse momento, eles devem observar que a mão ou o dedo não afunda, que a pressão exercida fez com que o líquido agora se comportasse como sólido.

- Permita que os alunos repitam isso por várias vezes.

- Então, explique a eles que os fluidos tendem a possuir uma viscosidade e a escoar. Alguns líquidos, como a água e o leite, possuem viscosidade constante e escoam com facilidade. Outros fluidos, como o que foi feito durante a aula, possuem variações na viscosidade a depender da força aplicada, por isso a mistura feita nessa atividade se comporta como líquido e como "sólido".

- Claro que o conceito vai além, mas nosso objetivo inicial aqui é fazer com que os alunos se familiarizem com o tema.

Dinâmica dos sentidos

Assunto: Órgãos dos sentidos
Ano: 6º ano
Tempo estimado: 45 minutos
(▶) Presencial
( ) On-line

Recursos:

- vinagre;
- suco de limão;
- sal;
- açúcar;
- caixa de papelão pequena;
- lixa de parede;
- pomada ou creme à base de cânfora;
- creme dental;
- slime;
- garfo;
- venda;
- outros materiais que você possa utilizar para explorar os sentidos.

Proposta:

Atividade prática que visa trabalhar com os alunos a ação dos órgãos dos sentidos. Após trabalhar o tema com eles, leve-os para o laboratório de Ciências da escola, para a quadra ou outro espaço, como a sala de aula mesmo. E explorem os cinco sentidos.

Como fazer:

- A atividade pode ser feita individual ou em grupo.
- Consiste em vendar o aluno e ele ter que adivinhar o material que está provando, cheirando, ouvindo e/ou tocando, usando os demais órgãos dos sentidos que não seja a visão.
- Para o paladar, disponha os materiais sugeridos na bancada (com número para identificação de cada um) e peça para o aluno escolher um. Ele deve provar e dizer de que material se trata.
- Para o olfato, o processo é semelhante. Disponha o creme à base de cânfora, a pasta de dente e outros produtos, deixe o aluno escolher e ele precisa identificar o produto.
- Para a audição, dentro da caixa de papelão, coloque o garfo e lacre a caixa. O aluno pode estar com os olhos desvendados agora. Entregue a caixa ao aluno e, por meio do barulho que o material está fazendo na caixa, ele precisa identificar o que está dentro. Lembrando que nesse caso o tato também pode ajudar, pois dá para sentir a pressão do material nas paredes da caixa quando ela é agitada. Utilize outros materiais e demais caixas também.
- Por fim, para o tato, com os olhos vendados, o aluno precisa descobrir qual material está tocando.
- Fazendo essa atividade em grupo, os alunos podem escolher um representante para cada sentido. Você pode atribuir pontos aos acertos dos alunos e vence o grupo com maior pontuação.

A importância da classificação

Assunto: Classificação dos seres vivos
Ano: 7º ano
Tempo estimado: 20 minutos
(▶) Presencial
( ) On-line

Recursos:

- Fichas do jogo de classificação (baixe o material utilizando o QR code no final do roteiro).

Proposta:

Ao estudarem a classificação dos seres vivos, muitos alunos começam a questionar os motivos de tantos nomes "esquisitos", ou "por que dessa planta ser isso e não aquilo". Não raro ouvimos: "professor(a), eu achava que cogumelo era planta, não é não?!" Esta nossa proposta de atividade visa introduzir esse assunto para a turma. Propomos uma atividade de classificação básica e contextualizada, para que, aos poucos, eles compreendam a importância da organização dos seres vivos em grupos a partir de características próprias.

Como fazer:

- Imprima e recorte as fichas, usando o código QR ao final desta atividade.
- Esta atividade pode ser trabalhada em grupos; logo, você precisa de tantas fichas quantos forem os grupos.

- O jogo consiste em três formas de classificação: alimentos, lugares e a categoria "abstrata". Cada classe dessas tem as fichas correspondentes:

    - A classe dos **alimentos** possui diferentes tipos de alimentos nas fichas;

    - A classe dos **lugares** apresenta fotografias de cidades e pontos turísticos;

    - A classe **categoria "abstrata"** constitui-se de fichas com formas geométricas aleatórias e coloridas.

- Distribua as três classes de fichas aos alunos, embaralhadas, e peça que os grupos as organizem em grupos, que serão as classes. Não dê nenhum critério de classificação aos alunos e diga que o grupo deve entrar em consenso e classificar seguindo os critérios por eles estipulados. Dê um tempo para que isso seja feito.

Observação:

A partir deste momento, você poderá notar que cada grupo vai começar a organizar as fichas de acordo com critérios diferentes de cada equipe. Por exemplo: ao pegarem uma ficha com a foto de "batata frita", um grupo pode colocá-la na classe dos "alimentos gostosos" junto com a ficha do brigadeiro e outro grupo pode incluí-la na classe dos "alimentos salgados", junto com a ficha do frango assado. É importante notar que, nesse momento, a classificação está sendo subjetiva e que podem aparecer as mais diferentes combinações.

- Depois que os alunos já classificaram as fichas, faça a comparação entre os grupos de como eles organizaram as classes. Nesse momento, vá orientando para que eles percebam como a classificação subjetiva pode colocar uma mesma ficha em grupos diferentes.

- Por fim, fale da importância dos critérios utilizados pelos cientistas para a classificação dos seres vivos. Explique que se cada cientista utilizasse critérios próprios, poderíamos ter um mesmo ser vivo em diferentes classes, dificultando o estudo sobre ele.

- Você pode contextualizar mais, explicando que muitas outras coisas na nossa vida são classificadas e que facilitam nosso quotidiano: os livros numa biblioteca, os filmes em um catálogo, os elementos químicos na tabela periódica etc.

Jogo da memória

Assunto: Fontes de energia renováveis
Ano: 7º ano
Tempo estimado: 10 a 15 minutos
(▶) Presencial
( ) On-line

Recursos:

- Cartas do jogo da memória de fontes de energia. Você baixa o material acessando nosso código QR no final deste roteiro.

Proposta:

Esta atividade, além de permitir a revisão e a fixação de conteúdo, também é um incentivo para que os colegas se ajudem na hora de internalizar os conceitos a respeito de fontes de energia renováveis e não renováveis.

Como fazer:

- Imprima as cartinhas do jogo da memória. Para maior durabilidade, recomendamos plastificá-las.
- Esta atividade pode ser feita em duplas, trios ou grupos.
- Forneça um jogo por grupo.
- O jogo consiste em 15 cartas, que são organizadas de três em três.

• Das trincas formadas, uma carta tem o nome da forma de energia renovável, outra carta tem a definição e a terceira carta tem uma foto com exemplo da fonte de energia.

Amongas animal

Assunto: Zoologia
Ano: 7º ano
Tempo estimado: 30 minutos
(▶) Presencial
( ) On-line

Recursos:

- Fichas do jogo impressas. O número de fichas vai depender da quantidade de grupos de alunos que você vai formar com a sua turma. Você pode baixar as fichas desse jogo acessando o código QR no final deste roteiro.

Proposta:

Esta é uma atividade de atenção, reforço de conceitos aprendidos anteriormente e de avaliação pelo professor.

Como fazer:

- Este jogo é uma adaptação do jogo *Among us*, que consiste em descobrir quem é o tripulante impostor dentre os tripulantes em uma aeronave. Quem não é impostor é tripulante comum e tem a tarefa de zelar pelo bom funcionamento da nave. O impostor tenta a todo momento sabotar a nave sem ser descoberto.

- Neste nosso jogo, assim como no *Among us*, há um impostor a ser descoberto. Depois de estudarem todos os filos dos animais e suas características, eles devem estar afiadíssimos para descobrir, dentre as fichas entregues a eles, quem é o animal impostor no grupo apresentado. Por exemplo, em uma das fichas encontram-se três vermes nematódeos e um verme anelídeo, que é o impostor. Sabendo as características desses indivíduos e identificando-as, os alunos precisam apontar que o anelídeo é o impostor porque está no grupo errado. Mas não subestime o jogo, ele pode ser bem desafiador e divertido para seus alunos.

• Este jogo não tem equipe campeã – a não ser que você queira atribuir uma pontuação conforme os alunos forem acertando. O principal objetivo aqui é incentivar a atenção e a observação dos alunos em relação às características que classificam cada grupo animal, além de fixar conceitos já aprendidos de uma forma mais lúdica e dinâmica.

Bingo dos animais

Assunto: Reino animal
Ano: 7º ano
Tempo estimado: 30 minutos
(▶) Presencial
(　) On-line

Recursos:

- 2 folhas de papel-cartão (dê preferência para cores claras);
- 36 tampinhas de garrafa pet;
- tesoura;
- canetas, lápis ou giz de cera.

Proposta:

Com este jogo, os alunos podem revisar e reforçar o conteúdo aprendido anteriormente. Para realizar esta atividade, o ideal é que você já tenha trabalhado o assunto relacionado ao Reino Animal, os principais filos – *Porífera, Cnidaria, Platyhelminthes, Nematoda, Mollusca, Annelida, Arthropoda, Echinodermata* e *Chordata* – e as características exclusivas dos representantes de cada filo. Durante a atividade, você também pode sondar o conhecimento adquirido pelos alunos, esclarecendo dúvidas e corrigindo equívocos.

Montagem do material:

- Faça 4 tabelas utilizando o papel-cartão. Cada tabela pode ter em média 15cm x 15cm e possuir 9 quadrinhos (3 fileiras com 3 quadrinhos cada).

- Distribua entre os 9 quadrinhos de cada tabela os nomes dos filos estudados, mas faça de forma com que as tabelas fiquem diferentes, repetindo filos em uma ou outra e excluindo filos de uma e de outra. Essas tabelas serão as que os alunos vão "marcar" usando as tampinhas de garrafa. Observe a sugestão a seguir:

- Tabela 1: *Porífera, Cnidaria, Platyhelminthes, Platyhelminthes, Mollusca, Annelida, Arthropoda, Chordata, Chordata.*

- Tabela 2: *Platyhelminthes, Nematoda, Mollusca, Mollusca, Arthropoda, Arthropoda, Nematoda, Echinodermata, Chordata.*

- Tabela 3: *Porífera, Cnidaria, Platyhelminthes, Nematoda, Mollusca, Annelida, Arthropoda, Echinodermata, Chordata.*

- Tabela 4: *Porífera, Cnidaria, Mollusca, Nematoda, Mollusca, Annelida, Arthropoda, Echinodermata, Porífera.*

- Caso prefira, pode imprimir nossas tabelas prontas com sugestões para sua atividade acessando nosso código QR.

- Agora, faça fichas distribuindo as características dos filos estudados. Essas são as fichas que você vai sortear. Seguem algumas sugestões de características:

- Os animais desse filo possuem células chamadas de **coanócitos**.
- O corpo desses animais tem **poros por toda superfície**.
- Esse filo tem animais que possuem células especiais chamadas de **cnidócitos**.
- Os animais desse filo podem ser fixos ou livres. Os que vivem fixos se chamam **pólipos** e os que vivem livres se chamam **medusas**.
- São vermes que possuem o **corpo achatado**.
- **Águas-vivas** pertencem a esse grupo.

- Um animal desse filo é a simpática **planária**.
- O corpo desses vermes é **cilíndrico, mas sem metameria**.
- Alguns vermes desse filo podem ser parasitas e causar doenças como a **ascaridíase** e **ancilostomíase**.
- São invertebrados de **corpo mole**, mas não são vermes, **e podem ter ou não uma concha**.
- Esse filo apresenta seres bem conhecidos: **as lombrigas**.
- **Esponjas do mar** pertencem a esse filo.
- Esses vermes possuem o corpo dividido em **anéis**.
- São vermes que possuem uma estrutura chamada **clitelo, importante na reprodução**.
- **Aves, peixes e mamíferos** são animais desse filo.
- Esses invertebrados possuem um sistema de circulação corporal chamado de **ambulacral**.
- **Caracóis e lesmas** pertencem a esse filo.
- O nome desse filo sugere que o corpo dos animais que a ele pertence tem **"espinhos"**.
- Um grande grupo desse filo é o dos **insetos**.
- Os animais desse filo possuem **exoesqueleto de quitina**.
- **Aranhas, formigas e camarões** pertencem a esse filo.
- Esses animais passam por processos de crescimento chamado de **ecdise**.
- A principal característica dos animais desse filo é a **notocorda**.
- **Minhocas e sanguessugas** pertencem a esse filo.
- As **estrelas-do-mar** são exemplos de animais desse filo.

- Também disponibilizamos fichas junto com as tabelas, caso prefira maior praticidade.

Como fazer a atividade:

- Em sala, divida a turma em 4 equipes e distribua uma tabela e 9 tampinhas de garrafa pet para cada equipe.
- Em mãos, tenha as fichas com as dicas. Elas podem estar embaralhadas e empilhadas ou podem estar espalhadas dentro de uma caixa com uma tampa com um buraco por onde você possa enfiar a mão e sortear as cartas.
- Sorteie ficha por ficha e leia as dicas que forem aparecendo. Os alunos devem marcar na tabela do grupo deles qual filo representa a dica que você está lendo. Para isso, eles usam as tampinhas distribuídas.
- Vence o grupo que completar a tabela primeiro ou que fechar mais quadros da tabela.

Observações importantes:

- As dicas podem ser digitadas, impressas, recortadas e coladas nas cartinhas de papel-cartão. Você também pode fazer uma grande lista numerada e, ao invés de fazer as cartinhas, você faz pequenas fichas com os números de sua lista. Aí é só sortear o número e ver qual é a dica correspondente.
- As dicas aqui da atividade são sugestões. Você pode criar outras e adaptar as que já estão aqui.
- Quanto mais dicas diferentes você fizer, melhor. As chances de nenhum grupo fechar a tabela são grandes se as dicas forem poucas.

Modelo de tabela:

PORÍFERA	CNIDARIA	PLATYHELMINTHES
NEMATODA	ANNELIDA	MOLLUSCA
ECHINODERMATA	ARTHROPODA	CHORDATA

Modelo de fichas:

| UM GRANDE GRUPO DESSE FILO É O DOS **INSETOS** | ESSES INVERTEBRADOS POSSUEM UM SISTEMA DE CIRCULAÇÃO CORPORAL CHAMADO DE **AMBULACRAL** | SÃO INVERTEBRADOS DE **CORPO MOLE**, MAS NÃO SÃO VERMES, E **PODEM TER OU NÃO UMA CONCHA** |

Velha zoológica

Assunto: Características dos animais
Ano: 7º ano
Tempo estimado: 20 minutos
(▶) Presencial
(▶) On-line

Recursos:

- 3 folhas de papel-cartão de cor clara;
- contact transparente (quantidade suficiente para cobrir o lado colorido das folhas de papel-cartão);
- fita adesiva larga;
- um dado grande (molde disponibilizado no código QR, ao final desta atividade, e segue um exemplo aqui no livro também).

Proposta:

Atividade recomendada para sondagem de conhecimento do conteúdo aprendido, revisão de conceitos e reforço de tópicos dados. Anteriormente, os alunos já devem ter acompanhado o conteúdo teórico relacionado às características dos indivíduos do Reino Animal.

Montagem do material:

- Em uma das folhas de papel-cartão desenhe um jogo da velha. Utilize uma régua e um marcador permanente para ficar bem certinho. O desenho do jogo deve ficar bem proporcional ao tamanho do papel-cartão.

- Encape esse jogo da velha com o contact, pois você poderá utilizá-lo várias vezes depois. Ou plastifique-o, se preferir.

- Faça um dado seguindo o molde aqui disponibilizado e, em cada face do dado, cole a foto de um animal de sua escolha. Dica: escolha um animal para representar um grupo exclusivo, evitando repetir o mesmo grupo no dado. Por exemplo: se você escolher um mamífero, evite repetir outros mamíferos no dado, a não ser que sejam de classes bem diferentes. Você pode fazer esse dado de papel-cartão, cartolina ou folha A4.

- Com as outras folhas de papel-cartão, crie fichas com características simples dos animais escolhidos no dado. Essas fichas vão representar o O e o X que são utilizados no jogo da velha. Dessa forma, procure descrever várias características para o mesmo animal (ou grupo). Encape essas fichas também para serem utilizadas depois.

Como fazer a atividade:

- Cole o jogo da velha no quadro.

- Cole pedaços de durex dobrados (para fazer dupla-face) atrás de todas as fichas.

- Divida a turma em equipes, a seu critério.

- Em cada rodada, duas equipes vão competir entre si. Para isso, devem escolher um representante cada uma.

- Os representantes decidem no "par ou ímpar" quem começa. Feito isso, um de cada vez joga o dado e vê qual animal (ou grupo) ele deverá apontar as características.

- O objetivo do jogo é fechar uma linha na horizontal, diagonal ou vertical (assim como no jogo da velha) alinhando características correspondentes ao grupo animal sorteado.

- Não ganha quem fizer a linha primeiro. Aí você me pergunta: "Oxê, por quê?" Porque essa atividade é organizada em rodadas, no estilo oitavas e quartas de final, semifinal e final (vai depender de como você dividiu as equipes), podendo ter um representante diferente para a equipe em cada rodada.
- A equipe vencedora é aquela que fica em primeiro lugar na final.

Observações importantes:

- Você pode fazer algumas modificações na montagem do jogo. Ao invés de prender as fichas com durex, você pode colocar velcro no jogo da velha e nas fichas, aí é só prender e soltar as fichas a hora que quiser.
- Você também pode fazer pequenos cortes horizontais nos espaços do jogo da velha e prender as fichas com clips de papel nesses espaços.
- Você pode optar em escrever nas faces do dado os nomes dos grupos de animais escolhidos, ao invés de imprimir e colar as fotos desses animais.
- Na falta de recursos, você pode adaptar essa atividade usando apenas a lousa e caneta para quadro branco ou giz. Nesse caso, sorteie os grupos animais com os alunos e peça que escrevam as caraterísticas na velha, no lugar do "x" ou "círculo".

Molde para o dado:

Recomendamos fazer em papel-cartão. Esse molde também é só uma sugestão, você pode montá-lo com os animais à sua escolha.

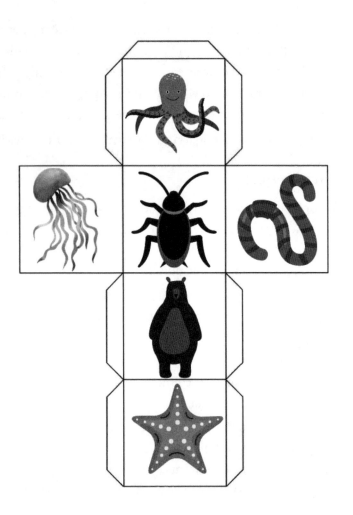

Cruzadinha de Lineu

Assunto: Hierarquia taxonômica
Ano: 7º ano
Tempo estimado: 20 minutos
(▶) Presencial
( ) On-line

Recursos:

- Cruzadinha impressa (você pode baixar o molde utilizando o nosso QR code. São quatro páginas do tamanho A4 que você deve imprimir e utilizar na aula e uma página com as dicas de cada linha da cruzadinha).
- Recomendamos plastificar a cruzadinha para dar maior durabilidade.

Proposta:

Atividade recomendada para revisão de conteúdo e reforço de conceitos. Para esta atividade é importante que os alunos já tenham acompanhado aulas relacionadas aos sistemas de classificação dos seres vivos e organização hierárquica desses seres.

Como fazer a atividade:

- Imprima e monte a cruzadinha que disponibilizamos no material extra.
- Cole a cruzadinha no quadro da sala.
- Separe a turma em equipes a seu critério.
- Cada equipe terá uma chance de responder uma dica da cruzadinha. As dicas são sorteadas por números, que você

pode recortar em papeizinhos e sortear em um saquinho durante a aula.
- Cada resposta correta atribui um ponto para a equipe.
- Vence a equipe que fizer mais pontos.

A propagação de um vírus

Assunto: Viroses e vacinas
Ano: 6º e 7º anos
Tempo estimado: 30 minutos
(▶) Presencial
(　) On-line

Recursos:

- Espaço aberto da escola. Pode ser o pátio, a quadra, o jardim ou outro local aberto para que os alunos possam correr.
- Peça para que os alunos levem um casaco no dia, pode ser fino, aberto ou fechado (peça o casaco mesmo se for verão, eles só vão usá-lo durante a dinâmica).
- Peça também para que levem algo de cobrir a cabeça (um boné, chapéu, touca ou algo do tipo).

Proposta:

Por ser voltada a um tema bem recorrente e discutido, esta dinâmica pode ser feita em qualquer momento do ano ou quando você estiver trabalhando sobre o tema viroses e vacinas, se preferir. É uma atividade que trabalha de forma lúdica como a vacinação é importante para a população e como um vírus pode se propagar entre as pessoas.

Como fazer:

- Esta dinâmica é baseada no bom e velho pique-pega e consiste em ter como personagens:
    - um aluno fará o papel do *vírus*, inicialmente;

- um aluno fará o papel de *vacina*;
- os demais alunos serão os *cidadãos vulneráveis* ao vírus.

• Faça pedacinhos de papel, um para cada aluno da turma, e escreva em um papel a palavra *vírus*; em outro, *vacina* e, nos demais, *cidadão*. Ao sortearem, os alunos saberão qual papel eles farão inicialmente.

• Leve os alunos ao pátio. Explique a eles o funcionamento da brincadeira como descrito abaixo:

- O vírus precisa infectar o maior número de pessoas que ele conseguir. Ele fará isso correndo atrás dos colegas e pegando-os. Ao contaminar alguém, o vírus precisa colocar o boné, chapéu ou touca na cabeça dessa pessoa para identificá-la como infectada. O vírus só pode correr com um objeto por vez, que deve ser pego em uma mesa separada.

- Se um cidadão for pego pelo vírus, ele fica doente e se torna um transmissor. A partir desse momento ele também precisa infectar outros colegas que ainda estão saudáveis. Quanto mais pessoas infectadas o vírus conseguir, maior será o grau de transmissão da doença.

- Ao mesmo tempo que o vírus está tentando contaminar todo mundo, a vacina tenta imunizar a população. A imunização consiste em pôr o casaco na pessoa. A vacina também só pode andar com um casaco por vez. A pessoa vacinada fica imune ao vírus e não pode ser contaminada. Como a vacinação também funciona como proteção coletiva, as pessoas vacinadas ajudam na imunização, segurando pessoas contaminadas e impedindo que transmitam a doença.

- Por fim, depois de todos salvos ou contaminados, faça a contagem. Se mais pessoas foram salvas, a vacina ganha o jogo. Se mais pessoas forem contaminadas, o vírus ganha.

- Você pode fazer quantas rodadas quiser. Ao final da brincadeira, contextualize a situação, informando sobre a importância da imunização das pessoas e o quanto um vírus pode ser transmissível.

Observação:

Durante a brincadeira, o vírus não pode contaminar a vacina e nem a vacina pode "matar" o vírus.

Cruzadinha virtual

Assunto: Diversos
Ano: 6º e 7º anos
Tempo estimado: 10 minutos
(▶) Presencial
(▶) On-line

Recursos:

- Computador ou *smartphone* e acesso à internet.

Proposta:

Para as aulas que são dadas remotamente, as cruzadinhas on-line também são recursos bem legais. Por meio das definições e das palavras que os alunos precisam montar na cruzadinha, eles podem fixar e revisar conceitos e depois tirar dúvidas com você. Ao final da atividade, o aluno pode tirar um print da tela com a cruzadinha pronta e lhe enviar para você validar a participação, se quiser. A cruzadinha que indicamos aqui pode ainda ser feita pelos alunos tanto no *smartphone* quanto no computador. Além disso, você pode optar se faz a cruzadinha durante a aula e vai tirando as dúvidas dos alunos sincronicamente, ou se pede como atividade para ser entregue depois da aula.

Como fazer:

- Você vai montar a sua cruzadinha de forma on-line, usando um site chamado *CrossWord Labs*, o link dele é esse aqui: https://crosswordlabs.com/

- Na página inicial do site, você já é direcionado a montar a cruzadinha. Na barra em branco superior, digite o título da cruzadinha; no quadro abaixo, digite as palavras da cruzadinha, seguidas das definições que os alunos precisam ter para descobrir qual é a palavra. Você vai digitar seguindo o exemplo a seguir:

    - *Célula Unidade básica morfofuncional de todo ser vivo*
    - *Mitocôndria Organela responsável pela respiração celular*
    - *Complexogolgiense Organela responsável pela formação de vesículas*

Atenção aos detalhes:

- A palavra que vai aparecer na cruzadinha deve ser iniciada com a letra maiúscula, como feito nos três exemplos.
- Palavras compostas, como no terceiro exemplo (complexo golgiense), devem ser escritas juntas, sem dar o espaço entre elas, como foi mostrado acima.
- A definição que aparecerá abaixo da cruzadinha deve seguir a palavra principal. Essa definição deve ser separada por espaço e iniciada por letra maiúscula.
- Após colocar no quadro todas as palavras e suas definições, clique em "Save & Finish". Você será direcionado a uma página com sua cruzadinha pronta. Nessa página, clique em "Share", copie o link e envie o link para os alunos.
- Segue um exemplo para esta atividade.

Organelas celulares

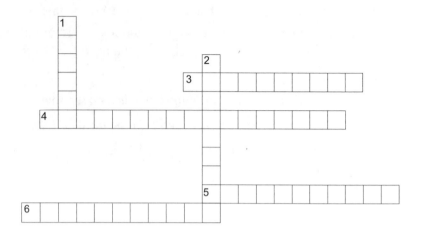

Horizontais

3. Responsáveis pela síntese de proteínas
4. Organela com a função de produzir vesículas
5. Organela responsável pela respiração celular
6. Organela responsável pela fotossíntese das plantas

Verticais

1. Armazena o material genético em seres eucariontes
2. Responsável pela digestão celular

Labirinto ciência

Assunto: Diversos
Ano: 6º e 7º anos
Tempo estimado: 15 minutos
(▶) Presencial
(▶) On-line

Recursos:

- Computador e acesso à internet.

Proposta:

Este jogo é uma adaptação do jogo *PacMan*. Consiste em, dentro de um labirinto, encontrar as respostas corretas para a pergunta que aparece na tela. É uma atividade legal para ser feita remotamente ou com os alunos no laboratório de informática da escola, servindo como revisão de conteúdo.

Como fazer:

- Para esta atividade, utilizaremos um site chamado *WordWall*; acesse-o usando esse endereço aqui: https://wordwall.net/pt
- O site estará inicialmente em inglês, mas você pode mudar o idioma no canto superior direito da tela.
- Em seguida, faça seu registro no site. Pode ser utilizando a sua conta Google.
- Essa plataforma possui vários modelos de jogos para você fazer a atividade, mas, no momento, vamos focar no jogo do

labirinto (mas fique à vontade para explorar o site e ver seus recursos).

- Clique em "Criar atividade" e depois em "Perseguição do labirinto".
- Dê um título ao jogo e, em seguida, crie as perguntas. Digite a pergunta, depois as alternativas e marque a alternativa correta. Adicione espaços para novas perguntas clicando em "+ Adicionar uma pergunta".
- Ao terminar, clique em "Feito".
- Para que os alunos joguem, basta você abrir o jogo, copiar a URL da página e compartilhar com eles.
- O jogo consiste em, com base na pergunta que aparece na tela, correr para junto da resposta correta, tomando cuidado para não ser pego pelos monstros, no melhor estilo *PacMan*.
- O jogo também gera uma tabela de classificação, na qual você consegue analisar a pontuação e a participação dos alunos.

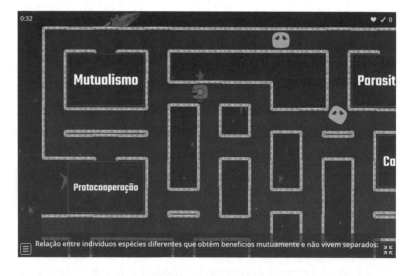

Exemplo do jogo criado no site *WordWall*.

Avança o quadrado

Assunto: Energia
Ano: 8º ano
Tempo estimado: 30 minutos
(▶) Presencial
( ) On-line

Recursos:

- giz para quadro negro;
- quadra, pátio ou sala de aula.

Proposta:

Esta dinâmica serve para revisão de conceitos sobre o tema Energia. Após ter o conteúdo teórico em sala, leve os alunos para o pátio ou quadra da escola. Se não houver essa possibilidade, não tem problema. Arraste as carteiras da sala de aula e faça em sala mesmo. O importante é participar!

Como fazer a atividade:

- No chão, desenhe com o giz 2 fileiras de 5 quadros cada. Os quadros devem ter tamanho suficiente para caber um aluno de pé.
- Disponha os alunos em duas filas com a mesma quantidade de componentes. Você pode dividir a turma em 2 ou em 4 equipes. Se for em 4 equipes, faça 2 rodadas da dinâmica ou então faça mais 2 fileiras de 5 quadros. Cada fila deve ficar disposta diante de cada fileira de quadros.

- Tenha em mãos uma lista das perguntas que serão feitas aos alunos. Essa lista pode ser numerada para que o aluno escolha um número e tente responder à pergunta. Caso você prefira, pode fazer essas perguntas em fichas e sorteá-las para que os alunos respondam.
- Os alunos devem sortear a ordem de equipes no par ou ímpar ou jogando um dado e vendo quem tira o maior número.
- Após a organização, faça uma pergunta ao primeiro aluno da fila. Se ele acertar, avança para o primeiro quadro; se errar, a fila continua parada. Faça isso com a equipe rival.
- Conforme os alunos forem acertando a pergunta, o aluno da frente avança um quadro e os demais o seguem. Ao chegar no quinto quadro e acertar a questão, o aluno deixa a fila e os demais avançam.
- O objetivo desta dinâmica é ver qual equipe consegue acertar mais perguntas, avançar mais quadros e terminar com a sua fila primeiro.

Observações importantes:

- A partir do momento que as equipes já têm componente dentro de quadrado, apenas estes podem responder às perguntas.
- Alunos que ainda estão fora de quadrados não podem responder à pergunta.
- Alunos que já percorreram toda a fileira de quadrados e já saíram da fila não podem mais responder perguntas.

Sugestões de perguntas:

- O que é energia? (É o que faz a matéria se movimentar ou mudar).
- O que é energia cinética? (É a forma de energia associada ao movimento de um corpo).
- Defina energia potencial. (Energia armazenada em um corpo que tende a entrar em movimento).
- O que é energia mecânica? (É a soma da energia potencial mais a energia cinética).
- Defina energia elétrica. (Energia resultante do fluxo de elétrons em materiais condutores, como ocorre em um circuito elétrico).
- O que é energia térmica? (Energia liberada quando existe a produção de calor pelo aquecimento ou pela combustão de algum material combustível).
- O que é energia luminosa? (Energia eletromagnética que se propaga como ondas transversais).
- Forma de energia causada pela vibração transferida em onda por meio de um objeto, produzindo som. (Energia sonora).
- Ligações químicas de átomos e molécula armazenam qual tipo de energia? (Energia química).
- Como ocorre a energia nuclear? (Ocorre por meio da fissão nuclear e envolve a presença de substâncias radioativas).
- Energia associada aos corpos que se encontram a uma certa altura em relação ao solo. (Energia potencial gravitacional).
- Energia associada a elásticos e molas. (Energia potencial elástica).

Siga-pistas

Assunto: Métodos contraceptivos
Ano: 8º ano
Tempo estimado: 30 minutos
(▶) Presencial
(▶) On-line

Recursos:

- slides do jogo (disponibilizamos os slides prontos, só baixar utilizando o código QR no final da atividade e usá-los com os alunos);
- projetor;
- quadro e caneta ou giz para o quadro.

Proposta:

Revisão de conceitos ou como forma de avaliação em grupo. Para isso, é muito importante que os alunos tenham visto anteriormente os conteúdos relacionados aos sistemas reprodutores masculino e feminino e os métodos contraceptivos.

Como fazer a atividade:

- Baixe o jogo disponibilizado por nós utilizando o QR code ao final da atividade. Fazendo isso com antecedência, você nem precisa depender de internet da escola.
- Projete o jogo no quadro para que toda a turma acompanhe.
- Divida a turma em equipes. Dependendo do tamanho da turma, podem ser formadas até 4 equipes.

- Tenha disponível numa mesa, no centro da sala, uma caneta para o quadro ou um giz. Importante que seja apenas uma/um.
- O jogo consiste em dicas que vão sendo passadas slide a slide. As dicas vão levando os alunos a descobrirem de que método contraceptivo está se tratando. Os níveis das dicas começam do mais difícil para o mais fácil. Quanto menos dicas forem utilizadas, maior a pontuação adquirida pela equipe que acertar.
- Ao passar as dicas, a equipe que souber de qual método está sendo falado deve correr até a mesa do centro da sala, pegar o marcador do quadro e escrever no quadro qual o método que está sendo descrito pelas dicas. A importância de se ter apenas uma caneta ou giz é justamente no caso de duas ou mais equipes descobrirem ao mesmo tempo do que as dicas estão tratando. O primeiro que alcançar o marcador e o quadro tem a vez de resposta.
- Esquema de pontuação:
    - respondeu errado: perde 0,5 ponto;
    - acertou na primeira dica: ganha 10 pontos;
    - a pontuação decai 0,5 ponto a cada dica passada. Por exemplo: a primeira dica vale 10 pontos, a segunda já vale 9,5 pontos, a terceira dica vale 9 pontos, e assim por diante.
- Vence a equipe com mais pontos.

Aula prática de anatomia com o *Wooclap*

Assunto: Anatomia humana
Ano: 6º e 8º anos
Tempo estimado: 15 minutos
(▶) Presencial
(▶) On-line

Recursos:

- Computador e acesso à internet.

Proposta:

Outro recurso bem interessante do *Wooclap* é o *Find on image*, que possibilita com que os alunos encontrem e apontem em uma imagem postada por você alguma região específica dela. Nossa sugestão aqui é o uso desse recurso para aulas remotas de anatomia, tanto para o 6º ano quanto para o 8º ano, séries que estudam os sistemas do corpo humano. Você pode realizar esta atividade como forma de fixação de conceitos, intervenção sobre possíveis erros e revisão de conceitos estudados.

Como fazer:

- O *Wooclap* é um site que possui, dentre alguns recursos, a possibilidade de localização e apontamento de alguma região específica de uma imagem. O endereço eletrônico da plataforma é https://app.wooclap.com/auth/login

- O acesso é feito de forma gratuita, bastando se registrar na plataforma ou vincular o acesso a uma conta Google ou ao Facebook, por exemplo.
- Clique em "Create Event" para criar evento e depois em "Find on image" para criar a sua atividade.
- Na página seguinte, digite o texto instrutivo, por exemplo: "no sistema digestório, aponte onde está o pâncreas". Carregue a sua imagem e selecione o local que você está indicando.
- Durante a aula, você vai compartilhar o link com os alunos para que eles façam a atividade e compartilhar sua tela para que todos acompanhem em tempo real.
- Faça as intervenções necessárias, corrigindo erros e orientando os alunos durante a atividade.

Sua pegada ecológica I

Assunto: Sustentabilidade
Ano: 8º e 9º anos
Tempo estimado: de 30 a 45 minutos
(▶) Presencial
( ) On-line

Recursos:

- Pátio ou quadra. O ideal é que o espaço possua piso, pode ser de cimento queimado ou outro material. Se não houver essa possibilidade, faça em sala mesmo. Só não pode usar espaço gramado.
- Giz.
- Talco, ou outro material que possa ser usado para deixar "pegadas". Não recomendamos tinta, pois a limpeza depois da atividade pode ficar mais difícil.
- Lista com as ações que geram ou não geram pegadas ecológicas. Essa lista está disponível no final da atividade.

Proposta:

Após as discussões sobre sustentabilidade, esta atividade pode ser realizada em caráter de sensibilização ambiental, mostrando aos alunos de forma lúdica como algumas atividades tão comuns do dia a dia podem influenciar na nossa pegada ecológica que deixamos no planeta. A Educação Ambiental e as discussões a respeito do tema são de suma importância para formarmos cidadãos plenos e conscientes de seus papéis na preservação do planeta. Esta proposta também serve para abertura e contextualização dos conceitos que serão trabalhados futuramente.

Como fazer:

- Disponha os alunos em um grande círculo. Se possível, arrastem as cadeiras, fiquem à vontade, façam um momento mais descontraído.

- Nesse momento, discuta com os alunos a respeito de ações diárias que nós, sociedade civil, e empresas públicas e privadas, realizamos diariamente e que demandam o uso de recursos naturais e deixam resíduos no ambiente. Esse momento pode ser utilizado para um debate e formação da consciência ecológica com os alunos. Isso pode ser feito após os estudos de sustentabilidade – que muitas vezes já estão dentro do conteúdo programático da série.

- Caso o conceito não tenha sido trabalhado em aula ou se essa atividade estiver sendo feita previamente, recomendamos contextualizar a discussão e explicar um pouco sobre o que é a sustentabilidade, o que ela busca e a definição de pegada ecológica.

- Após as discussões, peça para que os alunos tirem os sapatos – isso seria o ideal, mas alguns alunos podem recusar e, tudo bem, não force a barra. A atividade pode ser feita do mesmo jeito. Feito isso, peça para ficarem de pé e desenharem, com um giz, um círculo à frente de cada um. Cada aluno pode ter seu próprio círculo ou você pode montar grupos que terão um círculo em comum. Caso os círculos sejam individuais, a análise das pegadas será em nível pessoal; caso os círculos sejam em grupo, a análise das pegadas será feita de forma coletiva.

- Depois de feitos os círculos, os alunos deixarão dentro de seus círculos pegadas feitas com o talco. Para isso, eles deverão sujar a sola de um dos pés de talco e marcar essa pegada seguindo os critérios da listagem a seguir. Fale a ação e diga para o aluno deixar o número de pegadas equivalentes em seu círculo, caso essa ação seja corriqueira na vida desse aluno.

> **Ações e números de pegadas:**
> - **Alimentação:** *consumo carne diariamente* = 3 pegadas / *consumo carne eventualmente, tendo dia que só como vegetais* = 2 pegadas / *sou vegetariano* = 1 pegada.
>
> - **Em casa:** *não tiro os aparelhos da tomada após o uso* = 2 pegadas / *tiro os aparelhos da tomada sempre após o uso* = 0 pegadas / *apago a luz dos cômodos ao sair* = 0 pegadas / *deixo as lâmpadas acesas à toa* = 2 pegadas.
>
> - **Consumo:** *troco de celular em dois anos* = 1 pegada / *troco de celular em 1 ano, mesmo estando novo* = 2 pegadas / *só troco de celular quando o meu não tem mais conserto ou fui roubado* = 0 pegadas.
>
> - **Gastos:** *gasto todo final de semana com bares e baladinhas* = 2 pegadas / *gasto eventualmente com bares e baladinhas* = 1 pegada / *não costumo gastar com bares e baladinhas* = 0 pegadas.
>
> - **Transporte:** *priorizo sempre o uso de transporte público ou alternativo* = 0 pegadas / *priorizo o transporte particular, mesmo não tendo carro próprio, prefiro chamar um uber ou táxi* = 1 pegada.

• Depois de feita a parte anterior, discuta com os alunos a respeito das pegadas deixadas por eles dentro dos círculos, considerando os círculos como nosso planeta e as pegadas dentro deles como nossa pegada ecológica. Discuta como algumas ações do dia a dia podem influenciar no uso dos recursos naturais necessários para a produção e consumo de bens e serviços e quais impactos causados na natureza por tais ações.

- Relacione a quantidade de pegadas com a atividade a elas referentes. Por exemplo, por que o consumo de carne pode trazer impacto na natureza e gerar três pegadas? Por que priorizar mais o transporte particular em vez do transporte coletivo ou alternativo ocasiona mais pegadas ecológicas? O objetivo-fim aqui é fazer refletir a respeito de iniciativas que podemos ter para manter o ambiente preservado e vivermos num mundo melhor.

Observação: informe aos alunos que essa dinâmica é ilustrativa e que o conceito de pegada ecológica é muito mais abrangente, levando em consideração uma série de fatores que não foram abordados na atividade.

Sua pegada ecológica II

Assunto: Desenvolvimento sustentável
Ano: 8º e 9º anos
Tempo estimado: 15 minutos
(▶) Presencial
(▶) On-line

Recursos:
- Computador e acesso à internet.

Proposta:

Assim como na atividade anterior, que tinha como foco a conscientização de como os nossos hábitos podem deixar marcas no nosso planeta, trouxemos para esta proposta uma atividade com o mesmo viés, mas que pode ser feita on-line pelos alunos, ou durante a aula remota, ou em momento após a aula, podendo também ser feita em sala de aula, pelo *smartphone*. É uma proposta que busca trabalhar conceitos e desenvolver o senso de preservação ambiental com os alunos.

Como fazer:

- Acesse o site *Pegada Ecológica* em http://www.pegadaecologica.org.br/
- Esse site utiliza seis parâmetros para calcular a sua pegada ecológica. O conceito de pegada ecológica já foi trabalhado na atividade "Sua pegada ecológica I" e esse site mostra justamente quantos planetas Terra cada um que faz o cálculo

de pegadas precisaria para manter seus hábitos de consumo. Os parâmetros são "Alimentação", "Moradia", "Bens", "Serviço", "Tabaco" e "Transporte", que estão relacionados a nossos hábitos rotineiros.

- Cada parâmetro desse tem algumas questões que são respondidas de acordo com nossas práticas diárias e cada resposta entra com um peso no cálculo da nossa pegada. Ao final, o site dá um resultado de quanto os nossos hábitos individuais podem deixar marcas no planeta.

- Durante a aula, compartilhe o link do site *Pegada Ecológica* com os alunos e peça para que eles façam esta atividade. Depois de feito, você pode pedir um print para poder avaliar a participação deles. Em seguida, discuta em grupo como estão os nossos hábitos de consumo e quais alternativas podem ser tomadas para impactarmos menos o planeta.

Quebra-cabeças proteico

Assunto: Síntese de proteínas
Ano: 9º ano
Tempo estimado: 2 aulas de 50 minutos
(▶) Presencial
( ) On-line

Recursos:

- 6 cores de papel-cartão fosco (a quantidade de folhas vai depender do número de alunos que vão participar da atividade e da forma que o material será adaptado);
- caneta esferográfica ou lápis;
- tesoura;
- tabela do código genético, encontrada na internet ou em qualquer livro de Biologia no capítulo de síntese de proteínas. Também anexamos a tabela aqui nesta atividade, caso você prefira tirar cópia.

Proposta:
Reforçar o conteúdo teórico sobre síntese proteica, podendo ser utilizada também como atividade de sondagem e de revisão dos conteúdos. Antes de participar da proposta, os alunos precisam ter acompanhado as aulas referentes aos seguintes assuntos: ácidos nucleicos, replicação, transcrição e tradução. Por meio dessa atividade, os alunos poderão agir como se fossem os próprios RNAs mensageiro, transportador e ribossômico e construir diferentes proteínas com base em sequências de genes elaboradas e fornecidas pelo próprio professor.

Montagem do material: Para a montagem do material, o professor precisa separar uma cor de papel-cartão para cada base nitrogenada presente nos nucleotídeos dos ácidos nucleicos e uma cor para as siglas dos aminoácidos representados pelos 64 códons do código genético.

Sugestão:
- 5 folhas na cor verde para a base adenina (A);
- 3 folhas na cor laranja para a base timina (T);
- 5 folhas na cor azul para a base uracila (U);
- 5 folhas na cor rosa para a base guanina (G);
- 5 folhas na cor amarela para a base citosina (C);
- 3 folhas na cor branca para as siglas dos aminoácidos.

1º passo: No verso de cada papel-cartão, desenhe um formato de peça para cada tipo de base nitrogenada. Todas as peças devem ter o mesmo tamanho e devem servir de encaixe de acordo com a complementariedade das bases nitrogenadas. Por exemplo:

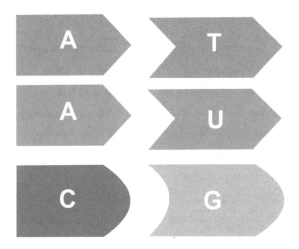

Siga a orientação das cores para cada base nitrogenada e seu formato. Atente-se em fazer APENAS um tipo de base no verso de cada papel-cartão.

2º passo: Recorte todas as peças e, na parte colorida do papel-cartão, escreva a inicial representante de cada base nitrogenada, como no exemplo acima.

3º passo: No papel-cartão separado para as siglas dos aminoácidos, recorte tiras com um tamanho proporcional a três bases nitrogenadas, ou seja, de forma que você consiga colar três pecinhas das recortadas anteriormente em cada tira dessa. Sugestão:

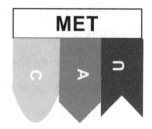

Exemplo de como fica a tirinha com a sigla do aminoácido

Exemplo de como fica a peça final do *anticódon* para o aminoácido metionina

4º passo: Cole as bases nitrogenadas nas tirinhas com as siglas dos aminoácidos. Lembre-se que são 20 aminoácidos – logo, são 20 siglas diferentes –, uma sigla *stop* – para os três *stop códons* ou *códons de parada* – e que são 64 trincas de *anticódons* no código genético. Sabendo disso, atente-se em montar um número significativo de peças, pois elas funcionarão como um quebra-cabeça para os alunos montarem as proteínas; então, você precisa considerar o número de alunos em sala. Atente-se também que as peças de aminoácidos + bases nitrogenadas devem conter as trincas dos *anticódons*, pois são esses que se encaixarão na sequência de *códons* do RNAm. Ao final, você terá:
- Pecinhas das cinco bases nitrogenadas (A, T, C, G e U);
- Pecinhas de aminoácido + trincas de *anticódons*.

Como fazer a atividade:

- Depois de tudo pronto (faça com antecedência e separe um tempo para a montagem, porque é trabalhoso), leve as peças para a sala de aula.
- Separe os alunos em grupos de 4 ou 5 componentes.
- Distribua porções contendo as pecinhas da atividade – as bases nitrogenadas e os aminoácidos – e uma tabela de código genético por grupo.
- Escreva no quadro sequências de DNA com genes que precisarão ser transcritas e traduzidas pelos alunos. Essas sequências podem ser aleatórias, por exemplo:

    A A A U T A T A C A C A C C G G G G T T T A T A G A T

- Faça uma sequência de DNA por grupo. Recomendo ter uma espécie de gabarito com você; então, crie as suas sequências também com antecedência e tenha delas:
    - as fitas replicantes de cada uma;
    - as sequências de RNAm de cada uma;
    - as sequências de aminoácidos equivalentes a cada uma (que será a proteína finalizada).
- Peça para cada grupo construir a sua sequência na mesa, utilizando as bases nitrogenadas recortadas em papel-cartão. Se faltar peças, oriente que busquem nos grupos vizinhos.
- Depois de construírem as sequências de DNA, peça que as repliquem. Nesse momento, vá sanando possíveis dúvidas e orientando os alunos.
- Agora, peça que desmanchem a sequência replicada e mantenham a original. Feito isso, os grupos devem fazer agora a transcrição dessa sequência, ou seja, construir uma fita de RNAm. Oriente e esclareça possíveis dúvidas.

- A partir do momento que a fita de RNAm estiver construída, os alunos podem desmontar a sequência de DNA original, pois já realizaram o processo de **transcrição**.
- Com a fita de RNAm pronta, eles devem agora fazer o processo de **tradução**, construindo uma sequência de aminoácidos. Oriente-os nesse momento também, lembrando-lhes de que a fita de RNAm construída possui as trincas de *códons*, que cada *códon* indica um aminoácido na tabela e que cada peça de aminoácido que eles receberam já possui o *anticódon* correspondente aos *códons* do RNAm. Se você preferir, também pode deixar que eles cheguem sozinhos a essas conclusões.
- Por fim, cada grupo terá uma proteína final "sintetizada" por eles.

Observações importantes:

- O papel-cartão é mais resistente, mas você pode optar por produtos mais baratos, como o ofício ou a cartolina, por exemplo. No entanto, duram menos e nem sempre plastificar vai sair mais em conta.
- Na hora de montar as peças de aminoácidos com os *anticódons*, você pode, em vez de colar as peças, prender com clips, podendo soltar os *anticódons* da proteína final, funcionando como um "verdadeiro" RNA transportador.
- Procure montar sequências que podem ser supridas pelo seu material para evitar buscas desesperadas por peças faltantes na sala de aula.
- As bases timina (T) podem ser em menor quantidade que as demais, pois só serão utilizadas na hora de reproduzir a sequência sugerida na mesa e fazer a replicação dessa sequência.

- Você pode adaptar esta atividade da forma que achar conveniente, até mesmo usar materiais mais sofisticados, como feltro, EVA etc.

Código genético

	U	C	A	G	
U	UUU $\}$ Fen UUC $\}$ UUA $\}$ Leu UUG $\}$	UCU $\}$ UCC $\}$ Ser UCA $\}$ UCG $\}$	UAU $\}$ Tir UAC $\}$ UAA $\}$ Fim UAG $\}$	UGU $\}$ Cis UGC $\}$ UGA Fim UGG Trp	U C A G
C	CUU $\}$ CUC $\}$ Leu CUA $\}$ CUG $\}$	CCU $\}$ CCC $\}$ Pro CCA $\}$ CCG $\}$	CAU $\}$ His CAC $\}$ CAA $\}$ Gln CAG $\}$	CGU $\}$ CGC $\}$ Arg CGA $\}$ CGG $\}$	U C A G
A	AUU $\}$ AUC $\}$ Ile AUA $\}$ AUG Met/Início	ACU $\}$ ACC $\}$ Tre ACA $\}$ ACG $\}$	AAU $\}$ Ans AAC $\}$ AAA $\}$ Lis AAG $\}$	AGU $\}$ Ser AGC $\}$ AGA $\}$ Arg AGG $\}$	U C A G
G	GUU $\}$ GUC $\}$ Val GUA $\}$ GUG $\}$	GCU $\}$ GCC $\}$ Ala GCA $\}$ GCG $\}$	GAU $\}$ Asp GAC $\}$ GAA $\}$ Glu GAG $\}$	GGU $\}$ GGC $\}$ Gli GGA $\}$ GGG $\}$	U C A G

Dinâmica da divisão celular

Assunto: Divisão celular
Ano: 9º ano
Tempo estimado: 20 minutos
(▶) Presencial
( ) On-line

Recursos:

- Para esta atividade, necessitamos apenas de um espaço aberto, como um pátio ou uma quadra.

Proposta:

Revisão de conteúdo e reforço de conceitos. Anteriormente, os alunos precisam ter o conteúdo relacionado aos processos de divisão celular, tanto de Mitose quanto de Meiose e, principalmente, as etapas relacionadas a esses processos: *Prófase, Metáfase, Anáfase* e *Telófase* da Mitose e *Prófase I* e *II, Metáfase I* e *II, Anáfase I* e *II* e *Telófase I* e *II* da Meiose.

Como fazer a atividade:

- Leve os alunos para o pátio ou quadra. Se não houver essa possibilidade, arraste as cadeiras da sala, faça um pouquinho de barulho e faça a atividade na sala mesmo.
- Esta dinâmica consiste em, num grande grupo, os alunos representarem as etapas da mitose e da meiose, como se fosse um miniteatro. Você pode projetar as imagens das etapas no quadro ou levar as imagens impressas para orientação, se quiser.

- Basicamente, a turma toda fará uma grande célula em processo de divisão celular. Ao passar por cada fase, os alunos devem representar as estruturas celulares importantes de cada fase. Isso é importante porque, na representação e com sua orientação, os alunos têm a possibilidade de memorizar fenômenos importantes desse processo. Por exemplo, antes de a célula entrar em divisão, oriente os alunos a se organizarem numa grande célula: separe os alunos nos grupos sugeridos:

    - alunos para compor a membrana plasmática, que devem circundar os demais participantes;

    - alunos para compor a carioteca, que devem ficar dentro da célula;

    - alunos para compor o material genético, que devem ficar circundados pela carioteca;

    - alunos para compor os centríolos;

    - alunos para compor as fibras do fuso.

- Depois de organizados, todos com as mãos dadas formando as estruturas celulares, iniciem o processo de divisão da célula, seguindo as etapas de cada fase e orientando na representação dos alunos.

- Fenômenos que devem ser bem evidenciados:

    - rompimento da carioteca e espalhamento do material genético, para a Prófase;

    - formação da placa equatorial, na Metáfase (nesse momento é importante que os alunos que representam as cromátides-irmãs estejam de mãos dadas, de costas um para o outro, formando um cromossomo duplicado);

    - encurtamento das fibras do fuso e separação das cromátides-irmãs para a Anáfase. Os alunos que representam as fibras de fuso, também de mãos dadas formando uma corrente, devem se ligar pelo primeiro representante da fila a cada aluno que representa uma cromátide-irmã, segurando a sua mão e o puxando de seu parceiro. O encurtamento das fibras pode se dar com a saída dos alunos dessa corrente formada. As cromátides-irmãs devem ser levadas para os polos da célula;

- processo de citocinese, com estrangulamento do citoplasma e a divisão celular ocorrendo, formando duas células com todas as suas estruturas (nesse momento você também pode aproveitar para fazer o processo da célula vegetal, evidenciando a diferença entre a célula animal e a vegetal. Nesse caso, forme uma lamela média com alguns alunos no meio da célula).

• Para realizar o processo de Meiose, siga de forma semelhante ao feito em Mitose, mas respeitando as particularidades da Meiose.

Torta na cara

Assunto: Conhecimentos em Biologia
Ano: 9º ano
Tempo estimado: entre 30 a 60 minutos
(▶) Presencial
( ) On-line

Recursos:

- espaço aberto (quadra, pátio ou, se possível, um jardim da escola);
- pratinhos de papel (podem ser os pequenos, de 15 centímetros);
- merengue (a receita está disponibilizada ao final da atividade);
- fichas com perguntas (disponibilizadas para impressão ao final da atividade; só acessar com o código QR);
- uma caneca de alumínio;
- uma colher de sopa.

Atenção!

Esta atividade gera bagunça; o ideal é pedir aos alunos que levem uma camisa extra para ser utilizada durante o jogo e uma toalha para enxugar rosto e cabelo.

Proposta:

Esta é uma adaptação de uma clássica competição de perguntas e respostas. Por meio desta atividade, os alunos podem reforçar conteúdos aprendidos em Biologia durante o ano letivo. Você pode avisá-los da competição com antecedência e estimulá-los a revisar o conteúdo antes, já que todos os alunos precisam responder às perguntas.

Como fazer a atividade:

- Divida a turma em 2 equipes. Se você der aula em mais de uma turma de 9º ano, você pode fazer uma disputa de turmas (e gerar mais emoção com a competição).

- Disponha uma mesa e, em cima dela, coloque de boca para baixo a caneca de alumínio (ou panela ou outra coisa do tipo) e a colher sobre o fundo dela. Esse aparato será nossa sineta improvisada. Em outra mesa, disponha vários pratinhos com o merengue. Não precisa abusar no merengue, a intenção é lambuzar só um pouquinho e economizar material.

- Todos os membros das equipes (claro, aqueles alunos que quiserem participar) devem responder às perguntas. Eles podem ficar sentados ou de pé, formando uma fila. Fica a seu critério.

- Cada rodada consta de uma pergunta que deve ser lida por você para 2 competidores, um de cada equipe, dispostos um de frente para o outro, com a mesa e nossa sineta improvisada no meio. Os competidores já estão a postos com suas respectivas tortas.

- Após a leitura da pergunta, o competidor que souber a resposta deve pegar rapidamente a colher e bater na caneca. A vez da resposta é dele. Se ele acertar, ganha um ponto para a equipe e dá uma "tortada" na cara do oponente. Se errar, leva uma "tortada" e não pontua.

Observação importante: caras limpas, ou seja, competidores que não levaram tortadas, valem mais 10 pontos para a equipe.

- A equipe que tiver mais pontos vence a competição.

Dicas:

- Evite tingir o merengue com corante alimentício. Ele até sai da roupa e da pele depois, só que dá mais trabalho.
- Oriente os alunos a sujarem só o rosto.
- Não esqueça de comunicar à coordenação sobre a atividade. Como é um tipo de dinâmica, ela causa um pouco mais de agitação, o bom-senso prevalece.
- Não deixem a sujeira para a equipe de limpeza. Oriente os alunos a auxiliarem na organização do espaço depois da atividade.
- Por fim, esta atividade é excelente para fazer em saídas de campo, passeios e pode ser adaptada também a seu gosto.

Receita de merengue

- 1kg de açúcar refinado (pode ser o mais barato);
- 300g de emulsificante (é um produto vendido na maioria das casas de produtos para lanchonete e confeitaria. Também pode ser encontrado com o nome de estabilizante para bolos. Não é um produto muito caro também e você pode comprar do mais barato);
- 3 copos americanos de água fria.

Modo de fazer:
- Disponha os ingredientes em uma bacia. Você pode bater a receita de uma vez ou dividi-la em duas, vai depender da sua batedeira.
- Bata tudo em velocidade alta por aproximadamente 10 minutos.
- Essa receita rende em média 5 litros de merengue em volume.

Observação 1:

Esse merengue é extremamente leve e como não leva nenhum tipo de gordura, é superfácil de remover do rosto, do cabelo e dos tecidos, diferente de produtos à base de gordura vegetal e creme de leite fresco.

Observação 2:

Ele pode ser batido no dia anterior e não precisa ser armazenado em geladeira, pois é altamente estável. Você pode prepará-lo antes e colocar em sacos plásticos para levar no dia da atividade.

Observação 3:

Ensinamos em vídeo a fazer esse merengue para você não ter dúvidas. Acesse o QR code e veja o passo a passo.

O milhão de fim de ano

Assunto: Conhecimentos em Biologia
Ano: 9º ano
Tempo estimado: 60 a 90 minutos
(▶) Presencial
(▶) On-line

Recursos:

- computador com o jogo já baixado (o jogo você acessa por meio do código QR no final deste roteiro);
- projetor.

Proposta:

Este jogo é uma atividade de final de ano, mais próximo do fim do 4º bimestre. Seu principal objetivo é estimular a interação com os alunos e entre os alunos, além de promover uma competição saudável entre os grupos e relembrar conteúdos estudados ao longo do ano. O jogo apresenta os principais temas trabalhados durante todo o 9º ano e, conforme é jogado, os alunos podem recapitular conceitos, relembrar de tópicos aprendidos há bastante tempo e testar seus conhecimentos, podendo também servir para uma avaliação do professor.

Como fazer:

- Faça o download do jogo acessando o código QR ao final desta atividade. O jogo foi montado em slides, no PowerPoint, e é de fácil uso.

- Divida a turma em no máximo 4 equipes.
- Projete o jogo no quadro ou na parede da sala. O objetivo é ver qual equipe ganha **um milhão de pontos** primeiro, no estilo do programa *Show do Milhão*.
- Cada slide consta de uma pergunta que vale uma quantidade de pontos. Se a equipe acertar, ela avança com os pontos para a próxima rodada. Se errar, perde todos os pontos. Se parar, fica com uma quantidade de pontos definida pelo momento da pergunta.
- Cada rodada consta de 4 perguntas com o mesmo peso (por isso o número máximo de 4 equipes). A ordem de respostas deve ser definida antes do jogo, lançando um dado ou no zerinho-ou-um.
- Conforme as equipes forem errando ou desistindo, você vai tendo a ordem do pódio.
- Vence a equipe que chegar a um milhão de pontos primeiro (se conseguir) ou que for a última a errar ou desistir.

Organograma de ideias

Assunto: Diversos
Ano: 9º ano
Tempo estimado: 30 minutos
(▶) Presencial
(▶) On-line

Recursos:

- folha de papel ofício;
- canetas de diferentes cores (vermelha, preta e azul, por exemplo).

Proposta:

Uma das formas de organizar as ideias a respeito de algum assunto é na forma dos mapas conceituais. A partir de um termo central, outros conceitos vão se desmembrando e organizando as ideias a respeito daquele assunto. Nossa sugestão aqui é fazer esta atividade de forma prévia e após uma aula sobre o assunto abordado no mapa conceitual. Você pode trabalhar esta atividade ainda na forma de sondagem de conhecimentos prévios e, posteriormente, o quanto os alunos retiveram do conteúdo abordado.

Como fazer:

- Você pode fazer esta atividade de forma individual ou em grupos.
- Distribua para os alunos uma folha de papel ofício.

- Peça para que eles escrevam no meio da folha a palavra-chave que você indicar, que, no caso, será em torno da sua aula do dia. Por exemplo: você vai entrar em conteúdos de citologia, peça para que eles escrevam a palavra "célula".
- Antes de entrar no conteúdo propriamente dito, dê a eles uns 10 minutos para que organizem na forma de organograma ou algo parecido as ideias que eles têm a respeito de célula (como já estão no 9º ano, já viram bastante coisa a respeito ao longo do Ensino Fundamental). É importante orientá-los que, nesse momento, você não quer saber se os conceitos estão certos ou errados e, sim, que eles escrevam o que entendem do assunto. Peça também que façam os conceitos com uma caneta de cor diferente da usada para escrever a palavra-chave.
- Passado o tempo, recolha os mapas – com a identificação dos alunos – e dê sua aula normalmente.
- Após dar seu conteúdo, devolva os mapas aos alunos e peça a eles que revejam os conceitos que eles escreveram. Se estiverem em consonância com a aula dada, que mantenham. Se não, que risquem com uma linha esse conceito "errado" e escrevam embaixo, de outra cor, o conceito certo.
- Aproveite os "erros" e "acertos" dos alunos para fazer comparações dos conhecimentos prévios e pós-aula e esclarecer as dúvidas.

Dominó ABO

Assunto: Genética dos grupos sanguíneos
Ano: 9º ano
Tempo estimado: 15 minutos
(▶) Presencial
(▶) On-line

Recursos:

- Dominó, que você baixa acessando o código QR ao final deste roteiro.

Proposta:

Um dos temas trabalhados em genética do 9º ano é a genética de grupos sanguíneos, pela qual mostramos aos alunos os sistemas ABO e Rh. Como é um assunto que gera algumas dúvidas e embaralha um pouco a cabeça dos alunos – quem nunca ficou perdido em "quem doa para quem mesmo?", não é? –, este dominó ajuda na fixação dos conceitos e mostra de uma forma mais lúdica como ocorrem a transmissão genética dos tipos sanguíneos e a compatibilidade entre eles.

Como fazer:

- Imprima e recorte o jogo. Recomendamos plastificá-lo ou forrá-lo em papel-cartão.
- Separe a turma em grupos ou duplas. Lembre-se de que você precisa distribuir um jogo por grupo.
- O jogo consiste em, assim como no dominó comum, parear as peças. Em nosso caso aqui, as peças são pareadas de acor-

do com a compatibilidade sanguínea – por exemplo, o tipo sanguíneo B+ deve ser pareado com B+, B-, O+ ou com O- – e de acordo com o genótipo de tipo sanguíneo – por exemplo, o tipo O deve ser pareado com ii; o tipo sanguíneo A pode ser pareado com $I^A i$ ou $I^A I^A$.

• O jogo se inicia com a centralização da peça ii/ii e vence quem se livrar de todas as peças primeiro.

Diante do quadro

Assunto: Diversos
Ano: 6º ao 9º anos
Tempo estimado: 30 minutos
(▶) Presencial
( ) On-line

Recursos:

- Quadro da sala e caneta ou giz para o quadro.

Proposta:

Esta proposta de atividade pode servir tanto para uma atividade diagnóstica, sondagem de conhecimentos prévios, revisão de conceitos ou uma proposta alternativa de avaliação.

Como fazer a atividade:

- A dinâmica consiste em trabalhar com uma espécie de *brainstorming* (tempestade de ideias): a partir de uma palavra-chave, os alunos devem apresentar outros conceitos que tenham relação ao que foi pedido.
- Divida o quadro em 2 ou 3 partes. Isso vai depender do tamanho da sua turma. Cada parte deve ser atribuída a uma equipe. Um membro da equipe fica responsável pelas anotações. Esse aluno será o "escrivão".
- No mínimo metade da equipe deve estar com o escrivão diante do quadro para ajudá-lo a pensar nos termos que deverão ser escritos no quadro.

- Estipule um tempo que deverá ser cronometrado. Recomendamos 60 segundos.
- As palavras-chave ficarão a seu critério. Isso irá depender de qual conteúdo você quer abordar com eles. Exemplo: **BRIÓFITAS**.
- Fale a palavra-chave e solte o cronômetro. Dentro de 60 segundos os alunos deverão escrever em seus respectivos quadros termos complementares à palavra-chave que você deu. Lembrando que só o escrivão faz as anotações. Por exemplo, para **BRIÓFITAS**, os alunos podem escrever *musgos, hepáticas, filoide, ambiente úmido* etc.
- Encerrado o tempo, chegou a hora da conferência:
  - Termos corretos não repetidos pelas demais equipes: **1 ponto**
  - Termos corretos, porém, repetidos pelas outras equipes: **0,5 ponto**
  - Termos incorretos: **-0,5 ponto**
- Você pode fazer mais de uma rodada, com diferentes assuntos, e ir somando os pontos das equipes. As equipes também podem ir trocando de escrivães e de membros diante do quadro.
- Vence a equipe que fizer mais pontos.

Nuvem de palavras no *Wooclap*

Assunto: Diversos
Ano: 6º ao 9º anos
Tempo estimado: 10 minutos
(▶) Presencial
(▶) On-line

Recursos:

• Esta atividade pode ser feita durante as aulas on-line, usando o computador e a internet.

Proposta:

Atividade recomendada para sondagem de conhecimentos prévios e introdução do assunto a ser iniciado. Ela também pode ser feita numa aula seguinte à exposição do conteúdo, para relembrar o assunto com os alunos ou analisar o quanto eles retiveram de conhecimento.

Como fazer:

• O *Wooclap* é um site que possui, dentre alguns recursos, a criação de nuvem de palavras. O endereço eletrônico da plataforma é https://app.wooclap.com/auth/login
• O acesso é feito de forma gratuita, bastando se registrar na plataforma ou vincular o acesso a uma conta Google ou ao Facebook, por exemplo.
• Após feito o login, clique em "Create Event", para criar uma atividade. Todas as suas atividades ficam armazenadas em sua conta.

- Dentre as opções de atividades, clique em "Word Cloud", para criar o tema de sua nuvem de palavras.
- No próximo link, digite o tema de sua nuvem de palavras no espaço em branco. Por exemplo, você pode estar entrando no tema "Biodiversidade" e colocar o enunciado de sua nuvem de palavras assim: "Em uma palavra, diga o que você entende por 'BIODIVERSIDADE'".
- Clique em "save" ou "start now"; o último caso, se você já for usar naquele momento.
- Para cada atividade criada, o *Wooclap* gera um link, que você pode compartilhar com os alunos durante a aula. Os alunos copiam o link, acessam no navegador e escrevem a palavra que diz respeito ao que você pediu.
- Conforme os alunos vão respondendo, as palavras vão compondo a nuvem em tempo real.
- Durante a aula, você pode compartilhar em tempo real a sua tela do *Wooclap* com eles e todos acompanharem a construção da nuvem de palavras.
- Ao final, você terá uma nuvem cheia das ideias que os alunos têm a respeito do tema pedido. A partir de então você pode levantar discussões a respeito do assunto, contextualizando o conteúdo, abordando os principais pontos apontados pelos alunos e esclarecendo dúvidas e conceitos errôneos.

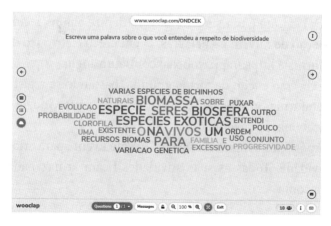

Quiz no *Kahoot*

Assunto: Diversos
Ano: 6º ao 9º anos
Tempo estimado: 20 minutos
(▶) Presencial
(▶) On-line

Recursos:

- computador conectado a um projetor e com acesso à internet;
- *smartphones* (um aparelho por grupo é o suficiente) também com acesso à internet.

Proposta:

Com este *quiz* você pode fazer uma atividade de revisão de conteúdo ou uma avaliação alternativa. É recomendável que os alunos tenham acompanhado o conteúdo teórico antes, mas nada impede que você alterne a proposta, podendo usá-la como uma diagnose ou até numa aplicação de sala de aula invertida.

Como fazer:

- O *Kahoot* é um site disponível na internet com algumas funcionalidades com possibilidades de uso pedagógico. Uma das mais famosas é o *quiz*. Para criar e usar o *quiz*, acesse o endereço do *Kahoot* em https://kahoot.com/ e o acesso é gratuito.
- Clique na aba "Login", registre-se ou vincule seu acesso a uma conta, como o Gmail ou o Facebook.

- Clique em "Create" e escolha a opção "New Kahoot".
- A partir da página seguinte você pode criar as perguntas e respostas do jogo, adicionar imagens e ajustar o tempo para que os alunos respondam. Aqui trouxemos um exemplo de um *quiz* sobre conceitos básicos em genética.
- As questões têm limite de caracteres, possibilitando perguntas mais diretas. As alternativas são digitadas em 4 quadrinhos abaixo da pergunta, também com limite de caracteres.
- Cada quadrinho para alternativas tem uma cor diferente. Ao colocar as alternativas, você já vai selecionar qual é a correta. Finalizando a construção do *quiz*, clique em "Done". Na tela seguinte, dê um nome e uma descrição ao seu jogo e clique em "Continue". No passo seguinte, você pode já iniciar o jogo, fazer um teste ou terminar clicando em "Done" novamente.
- Em sala, organize a turma em equipes e cada equipe deve ter um líder. Esse líder é o que vai dar as respostas da equipe, usando o celular; logo, cada equipe deve ter ao menos um *smartphone*.
- Projete sua tela no quadro e acesse sua conta do *Kahoot*. Ao logar em sua conta, você vai clicar em "My Kahots" e lá você já vai ter acesso a todos os seus *quizzes* (sim, você só precisa criar jogos uma única vez e usar quando quiser!). Ao dar "play" no seu *quiz*, o site vai gerar um código PIN para aquele jogo.
- Os alunos devem acessar o endereço https://kahoot.it/ e inserir o PIN que está na sua tela projetada no quadro. Ao entrar com o PIN e clicar em "Enter", eles serão direcionados a criar o nome da equipe e colocar os integrantes, se quiserem. Depois de todos conectados, é só você dar "start" e o jogo começa.
- As perguntas aparecem no quadro e os alunos têm o tempo para marcar a alternativa correta. As alternativas também aparecem no quadro e, no celular dos alunos, aparecem as

cores e símbolos correspondentes às alternativas da questão, tendo eles que clicar na cor/símbolo correspondente à alternativa correta. As equipes vão pontuando conforme vão acertando as respostas corretas. Velocidade na hora de responder também atribui pontos extras à equipe.

• Este jogo é superdinâmico e os alunos adoram participar. Caso os alunos não tenham celular, sugiro seguir a dinâmica de forma semelhante, substituindo os *smartphones* por folhas de papel ofício, onde os alunos podem marcar as respostas corretas. Nesse caso, você pode atribuir os pontos manualmente.

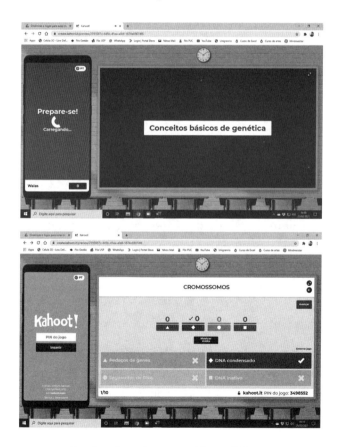

Preview do quiz construído no *Kahoot*.

Quiz on-line no *Mentimeter*

Assunto: Diversos
Ano: 6º ao 9º anos
Tempo estimado: 15 minutos
(▶) Presencial
(▶) On-line

Recursos:

- Recursos que o professor já está usando na sua aula remota, como computador e internet.

Proposta:

Esta atividade é sugerida para a realização durante as aulas remotas. É um *quiz* fácil de montar, que você pode fazer de acordo com o tema que está trabalhando. Com essa atividade, você torna o ensino remoto um pouco mais dinâmico, incentiva a participação dos alunos e ainda consegue avaliar a participação deles durante a aula e posteriormente, pois o *Mentimeter* envia um relatório com toda a participação dos alunos durante o seu *quiz* sob a forma de *ranking*.

Como fazer:

- Crie uma conta no site do *Mentimeter* acessando o endereço https://www.mentimeter.com/ e associando uma de suas contas, como a conta Google ou Facebook.
- Agora, clique em "New presentation" para criar um *quiz*. Depois de criados, seus *quizzes* ficam salvos para você usar quando precisar – semelhante ao que foi feito com o *Kahoot*.

Para criar o *quiz*, dê um nome a ele e prossiga clicando em "Create presentation".

• Você será direcionado a uma página que lembra uma apresentação de slides. No canto superior direito da tela, clique em "Multiple choices" para fazer uma atividade bem interativa com estilo *ranking*. Ainda no lado direito, digite a pergunta e as alternativas, marcando a alternativa correta. Logo abaixo, veja se a opção "Bars" está marcada (ela apresenta em tempo real a proporção de alunos que clicaram naquela alternativa e você pode fazer um rápido diagnóstico de pontos fracos e fortes em relação às respostas dos alunos ao assunto abordado). Depois, em "Extras", marque a opção "Show correct answer(s)".

• Feitos os passos anteriores para a construção da pergunta, clique em "+Add Slide" para ir adicionando perguntas. Entre um slide e outro de pergunta, será adicionado automaticamente um slide de ranqueamento dos participantes. Assim, os alunos conseguem acompanhar em tempo real quem está com a maior pontuação no jogo. Para o 6º ano, por exemplo, você pode criar um *quiz* sobre sistema solar.

• A versão *free* do *Mentimeer* permite um número limitado de perguntas, ainda assim conseguimos fazer atividades interessantes para nossas aulas.

• Para jogar, peça para os alunos acessarem o endereço https://www.menti.com/ e não se esqueça: o seu navegador deve estar conectado no site mentimeter.com/ e o dos alunos no menti.com, são dois sites diferentes.

• Já conectados, os alunos devem inserir um código fornecido por você, que é gerado na hora que você abre seu *quiz*. Ao colocarem o código e clicarem em "Submit", os alunos se conectarão ao jogo com um nome e um símbolo aleatório que o sistema atribuirá. Aguarde o ingresso dos alunos e inicie o jogo.

• A pergunta aparece na tela do aluno e ele deve clicar na resposta correta. O ranking é gerado após cada pergunta.

Observação:

Algumas horas após o jogo, você recebe no e-mail cadastrado um relatório com a participação dos alunos. É uma boa ferramenta para você fazer a análise da participação deles durante as aulas on-line.

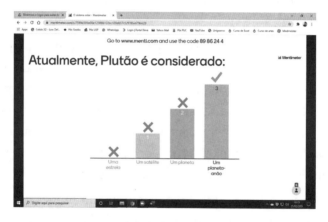

Exemplo de pergunta sobre o sistema solar e como ela é exibida no *Mentimeter*.

Roleta de perguntas

Assunto: Diversos
Ano: 6º ao 9º anos
Tempo estimado: 15 minutos
(▶) Presencial
(▶) On-line

Recursos:
- Computador e acesso à internet.

Proposta:
Atividade é bem interativa para ser usada durante as aulas remotas. Ela é baseada naqueles clássicos jogos de roleta, em que você gira a roleta e cai em algum prêmio, punição ou pergunta. É uma atividade muito boa para fixar conceitos e revisar conteúdos, a qual você pode usar de forma síncrona e esclarecer as dúvidas que forem aparecendo.

Como fazer:
- Aqui vamos usar o *WordWall*. Acesse-o usando este endereço: https://wordwall.net/pt
- O site estará inicialmente em inglês, mas você pode mudar o idioma no canto superior direito da tela.
- Em seguida, faça seu registro no site. Pode ser utilizando a sua conta Google.
- Essa plataforma possui vários modelos de jogos para você fazer a atividade, mas, no momento, vamos focar no jogo da roleta (mas fique à vontade para explorar o site e ver seus recursos).
- Depois de logado, clique no botão "Crie sua primeira atividade agora" e escolha o modelo "Roda aleatória".
- Na página seguinte, dê um título ao seu jogo. Na lacuna "Instruções", digite o texto que você quer que apareça no centro da roleta. Logo abaixo, você terá um retângulo em branco para

pôr os itens da roleta. Digite as perguntas que você quer que os alunos respondam, uma a uma (você adiciona retângulos clicando em "+ Adicionar um novo item"). Feitas essas etapas, clique em "Feito". Pronto, você será direcionado ao jogo.
• Compartilhe a sua tela com os alunos durante a aula. Toda vez que você clica na roleta, ela gira e para numa pergunta que deve ser respondida. Você pode pedir para os alunos responderem de um a um ou então organizá-los em grupo, deixando a aula mais interativa. Se o aluno acertar, você pode eliminar a pergunta clicando em "Eliminar". Se ele errar, você clica em "Currículo" e gira a roleta novamente.
• A roleta já fica automaticamente salva em sua conta e você só precisa se preocupar em criá-la uma única vez.

Exemplo de roleta com três perguntas.

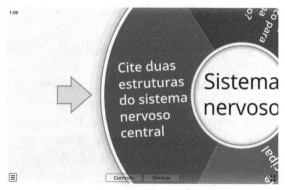

Seleção de uma questão aleatória.

Stop de fim de ano

Assunto: Diversos
Ano: 6º ao 9º anos
Tempo estimado: 30 minutos
(▶) Presencial
(▶) On-line

Recursos:

- Folha de papel e caneta.

Proposta:

Nesta proposta, fizemos uma adaptação do jogo *Stop!* (conhecido em outras regiões do Brasil como *Adedanha*), o qual consiste em sortear uma letra e escrever palavras que iniciam com a letra sorteada, em categorias específicas. Em nossa adaptação, o que é sorteado não é uma letra, e sim um tema que foi trabalhado ao longo do ano letivo. É uma atividade que pode ser feita em sala ou remotamente e que busca recordar alguns pontos trabalhados durante o ano.

Como fazer:

- Separe alguns temas trabalhados durante o ano com sua turma.
- Escreva esses temas, cada um em um papelzinho, e coloque em um saquinho para sorteio.
- Organize os alunos em grupos e distribua uma folha em branco para cada grupo. Nela, eles terão que escrever uma

única palavra para o tema sorteado. Por exemplo: você sorteou "Reino Monera", os alunos devem colocar na folha "Inquilinismo" por exemplo, ou outro conceito relacionado.

- Separe os temas por rodadas, para facilitar a organização das palavras na folha.
- Vence o grupo que fizer a maior pontuação.

Sugestão de pontuação:

- Palavras não repetidas: 10 pontos
- Palavras em comum com ao menos outro grupo: 5 pontos
- Em branco: sem ponto

Índice remissivo

Anatomia humana, 50
Biodiversidade, 80
Briófitas, 78
Camadas da Terra, 13
Características dos animais, 31
Classificação dos seres vivos, 19
Células, 74
Conceitos básicos em genética, 82
Conhecimentos gerais em Biologia: A importância da Biologia, divisão celular, biotecnologia, evolução, organização dos seres vivos, 71
Conhecimentos gerais em Biologia: Método científico, características dos seres vivos, citologia, botânica, ácidos nucleicos, divisão celular, genética, 67
Desenvolvimento sustentável, 56
Divisão celular, 64
Energia, 45
Fontes de energia renovável, 22
Genética de grupos sanguíneos, 75
Hierarquia taxonômica, 35
Métodos contraceptivos, 48
Organelas celulares, 41
Órgãos dos sentidos, 17
Reino animal, 26
Reino Monera, 90
Relações ecológicas, 43

Separação de misturas, 9
Síntese de proteínas, 58
Sistema nervoso, 88
Sistema solar, 86
Substâncias e misturas / propriedades da matéria, 15
Sustentabilidade, 52
Viroses, vacinas e sistema imunológico, 37
Zoologia, 24

Leia também!

Conecte-se conosco:

facebook.com/editoravozes

@editoravozes

@editora_vozes

youtube.com/editoravozes

+55 24 2233-9033

www.vozes.com.br

Conheça nossas lojas:

www.livrariavozes.com.br

Belo Horizonte – Brasília – Campinas – Cuiabá – Curitiba
Fortaleza – Juiz de Fora – Petrópolis – Recife – São Paulo

  Vozes de Bolso

EDITORA VOZES LTDA.
Rua Frei Luís, 100 – Centro – Cep 25689-900 – Petrópolis, RJ
Tel.: (24) 2233-9000 – E-mail: vendas@vozes.com.br